CORN FLAKES
Limo

Dieses Buch kann alleine lesen:

____

von Christoph zur Einschulung 2012

Feriengeschichten

zum Lesenlernen

CARLSEN

Lese-Spaß mit Lese-Pass

Liebe Eltern,

je regelmäßiger Ihr Kind übt, desto schneller und besser wird es das Lesen beherrschen. Das Lesemaus-Trainingsprogramm mit Sammelpunkten erfordert nur kurze Leseeinheiten von 10 Minuten. Das Sammeln macht Kindern Spaß und motiviert sie von Anfang an.

Je 10 Minuten Lesen werden im Lese-Pass eingetragen und durch Ihre Unterschrift bestätigt. Der Lese-Pass bietet Platz für 10 Einträge à 10 Minuten, also insgesamt 100 Minuten Lesen.
Ist der Pass voll, bekommt Ihr Kind eine zuvor mit Ihnen vereinbarte Belohnung. Das kann ein neues Buch, ein kleines Spiel, ein Ausflug etc. sein. Diese Belohnung tragen Sie zu Beginn gemeinsam im Lese-Pass ein.
Hat Ihr Kind den Pass fertig ausgefüllt, erhält es außerdem eine Lesemaus-Urkunde. Geben Sie dazu auf www.lesemaus.de/belohnung den Code LMZLL ein.

Schließlich gibt Ihr Kind den vollen Lese-Pass ab, erhält mit einem neuen Lesemaus-Band (oder als Download auf www.lesemaus.de) einen neuen Lese-Pass und liest weiter bis zur nächsten Lesemaus-Urkunde ...

Ihnen und Ihrem Kind viel Spaß beim Lesen und Sammeln!

Sonderausgabe im Sammelband 1. Auflage 2012 | ISBN: 978-3-551-06611-4
Paul blinkt SOS © Carlsen Verlag GmbH, Hamburg 2006
Leo verreist allein © Carlsen Verlag GmbH, Hamburg 2011
Max baut ein Piratenschiff © Carlsen Verlag GmbH, Hamburg 2005
Umschlagkonzeption: Karin Kröll | Illustration der Lesemaus: Hildegard Müller
Lesemaus-Redaktion: Anja Kunle | Umschlagillustration: Gerhard Schröder
Druck und Bindung: GGP Media GmbH, Pößneck | Printed in Germany

Alle Bücher im Internet: www.lesemaus.de
Newsletter mit tollen Lesetipps kostenlos per E-Mail: www.carlsen.de

Inhalt

Paul blinkt SOS

Eine Geschichte von Wolfram Hänel
und Ulrike Gerold
mit Bildern von Gerhard Schröder

Blitz und Donner

Es sind Sommerferien.
Paul hat sich die Bettdecke
über den Kopf gezogen.

In der einen Hand
hält er eine Taschenlampe,
in der anderen sein Buch.
Es ist gemütlich unter der Decke.
Es stört Paul auch nicht,
dass er manchmal pupsen muss.
Zum Mittagessen gab es Bohnen.
Die Piraten in Pauls Buch
essen auch ständig Bohnen.
Jetzt sind sie in einem Sturm
mitten auf dem Meer.
Es blitzt und donnert.

Die Taschenlampe flackert.
Dann geht sie plötzlich aus.
Paul schüttelt sie, aber das hilft nichts.
Er streckt den Kopf
unter der Decke hervor.
Ein Blitz zuckt über den Himmel.
Plötzlich steht Pauls Vater in der Tür.

„Das ist ein richtiges Sommergewitter.
Der Strom ist ausgefallen“, erklärt er.
„Nichts geht mehr. Kein Licht, kein
Computer, noch nicht mal das Telefon!
Weißt du, wo die Taschenlampe ist?“
„Die habe ich“, sagt Paul.
„Aber die Batterien sind leer.“

Pauls Vater verschwindet in der Küche,
um neue Batterien zu suchen.
Paul tapst über den dunklen Flur
hinter ihm her.

„Glück gehabt“, sagt Pauls Vater.
In einer Schublade liegen
Knöpfe, Gummis, Stifte, eine Mausefalle
und – neue Batterien.

Pauls Vater steckt die Batterien
in die Taschenlampe.
Aber als er die Lampe anknipst,
leuchtet sie immer noch nicht.
„Zeig mal!“, sagt Paul.
Er nimmt die Batterien heraus
und dreht sie um.
„Du hast Plus und Minus verwechselt“,
kichert er.

Leserätsel

Was stimmt?
Pauls Vater hat eine Kerze in der Hand,

- T weil er den Lichtschalter nicht findet.
- A weil Weihnachten ist.
- P weil der Strom ausgefallen ist.

Die Pole einer Batterie nennt man

- S An und Aus.
- C Plus und Minus.
- E Nord und Süd.

Die Buchstaben neben den richtigen Antworten ergeben ein Lösungswort:

__ __

Die Schubladen müssen dringend aufgeräumt werden. Bringe die Buchstaben in die richtige Reihenfolge!

S _ _ _ _ _ _

K _ _ _ _ _ _

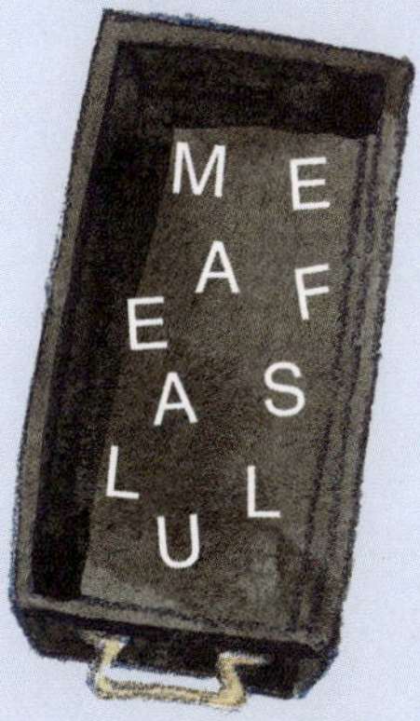

G _ _ _ _ _ _

M _ _ _ _ _ _ _ _ _ _

Einbrecher?

Der Regen trommelt gegen die Fenster.
Aber das Gewitter ist vorbei.
Nur das Licht geht immer noch nicht.
Von oben ruft Pauls Mutter.
Paul und sein Vater
tasten sich die Treppe hoch.

„Da war eben irgendwas“,
sagt Pauls Mutter aufgeregt.
Sie zeigt auf das Haus gegenüber.
„Ein Lichtschein hinter dem Fenster,
wie von einem Einbrecher!“
Gegenüber blitzt eine Taschenlampe auf:
dreimal kurz, dreimal lang, dreimal kurz.

„Keine Panik“, sagt Paul.
„Das ist nur Hendrik. Er blinkt SOS.“
Hendrik wohnt im Nachbarhaus
und ist Pauls bester Freund.
„Was?“, fragt Pauls Vater
und kapiert überhaupt nichts.
Auch Pauls Mutter guckt verwirrt.

„Hendrik hat ein Buch, in dem steht,
wie man SOS blinkt.
Das ist ein Hilferuf für Schiffe in Seenot.
Und unser geheimes Zeichen“,
erklärt Paul.
Deshalb blinkt Paul auch zurück:
dreimal kurz, dreimal lang, dreimal kurz.

Dann sagt Paul: „Es ist alles okay.
Wir können wieder ins Bett gehen.“
Dabei hält er sich
die Taschenlampe unters Kinn.
Jetzt sieht er aus wie ein Monster.
Pauls Mutter schreit auf.
Paul und sein Vater lachen.

Plötzlich geht das Licht wieder an.
„Die Stadtwerke haben anscheinend den Fehler gefunden.
Schade, es wurde gerade gemütlich“, gähnt Pauls Vater.
„Ein Einbrecher und ein Monster reichen mir“, sagt Pauls Mutter.

Leserätsel

Wer wohnt im Haus gegenüber?

X Ein Monster

Y Piraten

B Pauls Freund Hendrik

Wie blinkt man SOS?

S Einmal kurz, dreimal lang, einmal kurz

· — — — ·

T Dreimal kurz, dreimal lang, dreimal kurz

· · · — — — · · ·

U Dreimal kurz, einmal lang, dreimal kurz

· · · — · · ·

Was ist SOS eigentlich?

- G Ein Hilferuf für Schafe
- I Ein Hilferuf für Schiffe
- H Ein Hilferuf für Schisser

Setze die Buchstaben neben den richtigen Antworten ein. Dann weißt du, was Paul zum Ferienanfang bekommen hat:

neue __ A T __ E R __ E N

Piraten mit Taschenlampen

Paul nimmt die Taschenlampe.
Er will schnell wieder
in seinem Zimmer verschwinden.
„Halt!“, ruft sein Vater.

„Die Taschenlampe bleibt hier.
Jetzt wird geschlafen.“
Paul kriecht in sein Bett
und ärgert sich ein bisschen.
Er hätte gerne noch
die spannende Piratengeschichte
zu Ende gelesen.
Ob die Piraten
auch SOS geblinkt haben?
Pauls Mutter kommt noch
einmal ins Zimmer.

„Die Piraten wären bestimmt froh gewesen, wenn sie damals schon Taschenlampen gehabt hätten“, murmelt Paul.
„Gute Nacht“, flüstert seine Mutter und macht das Licht aus.

Paul kuschelt sich in seine Bettdecke.
Unter seinem Kissen ist etwas Hartes.
Paul schiebt die Hand darunter.
Dann grinst er.
Seine Mutter hat ihm
die Taschenlampe dagelassen!

Infoseite

Es gibt viele verschiedene Taschenlampen:

die Taschenlampe früher

Stirnlampe

Stablampe

Pauls Taschenlampe

Handscheinwerfer

Taucherlampe

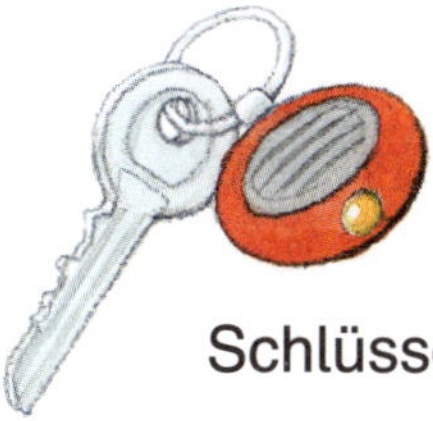

Schlüsselleuchte

Es gibt auch Taschenlampen, die keine Batterien brauchen.

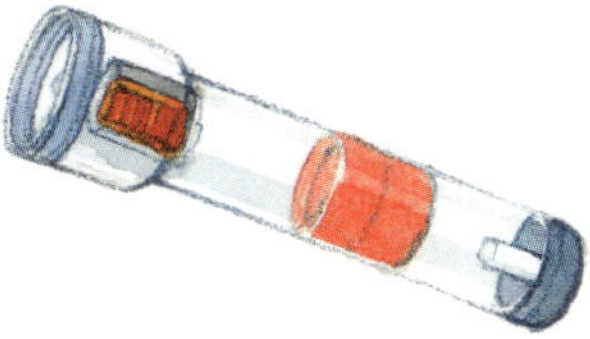

Schüttellampen werden durch Schütteln aufgeladen.

Dynamo-Taschenlampen werden durch Kurbeln aufgeladen.

Lösungen

S. 16/17:

Pauls Vater hat eine Kerze in der Hand,
weil der Strom ausgefallen ist.
Die Pole einer Batterie nennt man Plus und Minus.
Lösungswort: PC (Abkürzung für Personal Computer)
Stifte, Knöpfe, Gummis, Mausefalle

S. 24/25:

Im Haus gegenüber wohnt Pauls Freund Hendrik.
SOS blinkt man dreimal kurz, dreimal lang, dreimal kurz.
SOS ist ein Hilferuf für Schiffe.
Lösungswort: BATTERIEN

Max & Mops
Limo

Leo verreist allein

Eine Geschichte von Annette Neubauer
mit Bildern von Marc-Alexander Schulze

Vorsicht bei der Einfahrt!

Leo wartet mit seiner Mutter
auf dem Bahnsteig.
Zum ersten Mal verreist er
ganz allein.
Er besucht seinen Vater,
der in einer anderen Stadt arbeitet.
Aufgeregt hüpft Leo
von einem Bein auf das andere.

Er schaut auf seine Armbanduhr:
Es ist genau 11.58 Uhr.
Nur noch zehn Minuten,
dann geht es los!
„Freust du dich wirklich darauf,
allein zu fahren?“,
fragt seine Mutter und
wuschelt ihm durchs Haar.

Und ob sich Leo auf die Zugfahrt freut!
Er will doch Lokführer werden.
Da tönt es aus dem Lautsprecher:
„Meine Damen und Herren,
auf Gleis 8 fährt ein
der ICE von Hamburg nach Berlin.
Bitte Vorsicht bei der Einfahrt!“

Leo kennt die Ansage.
Er ist die Strecke schon einmal
mit seiner Mutter gefahren.
Der Zug hält fast lautlos.
Leo stürmt zur nächsten Tür.
Schnell klettert er die Stufen hoch.
Seine Mutter geht hinterher
und schüttelt den Kopf.

Leo zieht seine Fahrkarte aus
der Hosentasche.
„Wagen 32, Sitzplatz 97“, murmelt er.
Auf einer Anzeigetafel neben
der Eingangstür entdeckt er die Zahl 32.
Hier ist er richtig!
Jetzt muss Leo nur noch
seinen Platz finden.
Klasse, direkt am Fenster.

Leo setzt sich, verstaut seine Jacke und
steckt seine Fahrkarte in den Rucksack.
„Weißt du denn noch,
wann du in Berlin ankommst?“,
fragt seine Mutter.
Leo verdreht die Augen.
Die Ankunftszeit kennt er doch
seit Tagen auswendig.

Leserätsel

Was will Leo später werden?

U Reiseführer

E Lokführer

A Hundeführer

Was bedeutet ICE?

R Intercity-Express

M Immer Cornflakes essen

A Im Chor erschallen

Auf welchem Platz sitzt Leo?

Z Sitzplatz 32

L Sitzplatz 97

N Leo bleibt lieber stehen.

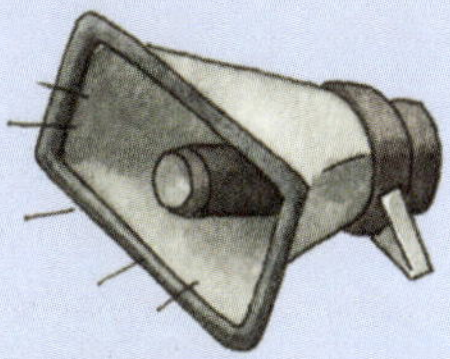

Welche Ansage hört Leo auf dem Bahnsteig?

- I Bitte Vorsicht bei der Einfahrt!
- T Bitte Nachsicht bei der Abfahrt!
- W Heute keine Durchfahrt!

Die Buchstaben neben den richtigen Antworten verraten dir, wohin Leo fährt: nach B __ __ __ __ N.

Die Fahrt beginnt

„Ich rufe an“, sagt seine Mutter
und drückt Leo ganz fest.
Eilig dreht sie sich um und
verlässt den Zug.
12.08 Uhr!
Pünktlich fährt der ICE ab.
Häuser und Autos
sausen an Leo vorbei.

Eine Zeit lang schaut Leo
aus dem Fenster.
Dann öffnet er gespannt
seinen Rucksack.
Was da wohl drin ist?
Er findet eine Flasche Limo und
einen neuen Comic.
Seine Mama ist wirklich super!

Leo hat Durst und öffnet die Flasche.
Während er trinkt, beobachtet er
die Anzeige über der Schiebetür.
Jetzt zeigt sie die Geschwindigkeit an.
230 Stundenkilometer fährt der ICE!
Leo ist begeistert.
Seine Mama fährt höchstens
130 Stundenkilometer.
Und das nur auf der Autobahn.

Auf einmal muss Leo dringend aufs Klo.

Die Limo!

Er steht auf und lässt seine Jacke

auf dem Sitz liegen.

Seinen Rucksack nimmt er aber mit.

Sicher ist sicher.

Dann geht er zur Schiebetür.

Direkt dahinter ist das Klo.

Leo sieht das blaue Schild
mit den weißen Buchstaben: WC.
Das kleine Dreieck
über der Türklinke ist grün.
Super, das Klo ist also frei.
Leo geht hinein.
Er dreht den Riegel um.
Jetzt ist die Tür verschlossen.

Alles funktioniert per Knopfdruck,
sogar die WC-Spülung und
die Bedienung des Wasserhahns.
Leo wäscht sich die Hände und
trocknet sie mit einem Papiertuch ab.
Dann öffnet er die Tür und
steht wieder im Gang.
Das wäre erledigt!

Leserätsel

Wann fährt der ICE los?

H Um 11.00 Uhr 

K Um 12.08 Uhr 

L Um 12.30 Uhr 

Was findet Leo in seinem Rucksack?

X Eine Flasche Hustensaft und eine alte Socke. 

M Eine Flasche Limo und einen neuen Comic. 

W Eine Flasche Sirup und einen frischen Rollmops. 

Leo muss auf das

H 

O 

P 

Die Buchstaben neben den richtigen Antworten verraten dir, wie man die Geschwindigkeit eines Zuges angibt:

__ __/__

Einmal im Kreis! Kannst du die Wörter lesen? Schreibe sie auf.

_ _ _ _ _ _ _ _ _ _

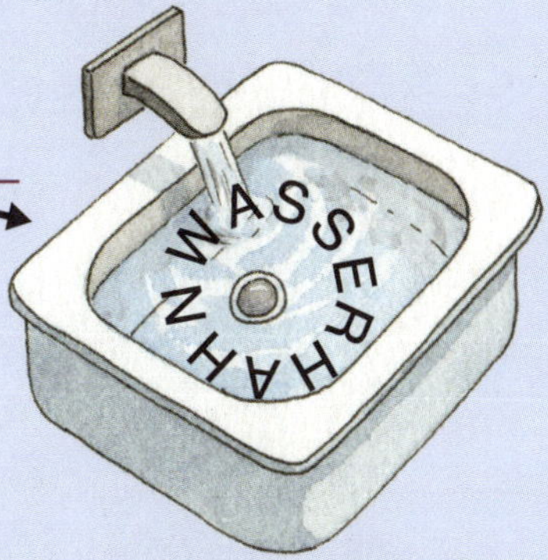

_ _ _ _ _ _ _ _ _ _

_ _ _ _ _ _ _ _ _ _

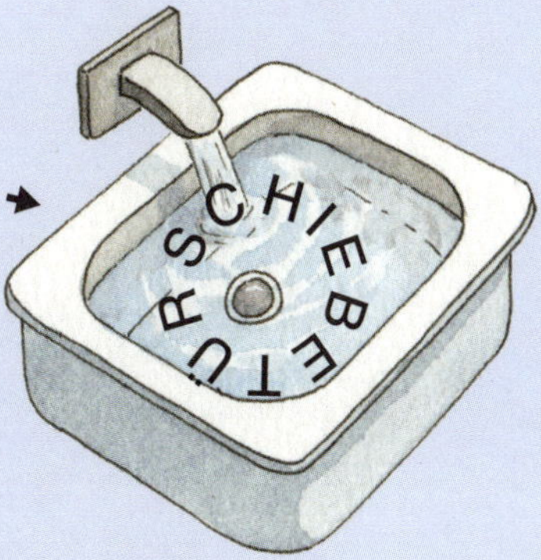

_ _ _ _ _ _ _ _ _ _

Wo ist die Fahrkarte?

Leo geht zu seinem Platz zurück.
Er schnappt sich den Comic
und beginnt zu lesen.
Plötzlich reißt ihn die Stimme
des Zugbegleiters aus seinem Abenteuer.
„Die Fahrausweise, bitte!“
Leo greift in seine Hosentasche.

„Wo ist nur meine Fahrkarte?“,
denkt Leo aufgeregt.
Sein Herz klopft wie verrückt.
Jetzt steht der Zugbegleiter direkt neben ihm.
„Vorhin war meine Karte noch da“,
erklärt Leo voller Panik.
Ihm wird ganz heiß und
seine Wangen glühen.

Die anderen Fahrgäste im Wagen
drehen sich neugierig zu ihm um.
Leo wühlt in seiner Jacke.
Da ist die Karte auch nicht!
„Hast du schon im Rucksack nachgeschaut?“,
fragt der Zugbegleiter und lächelt.
Klar! Da hat Leo sie doch reingesteckt.
Der Zugbegleiter knipst die Karte ab.

„Gute Fahrt“, wünscht er und geht weiter.
Puh! Das war knapp.
Der Zug fährt jetzt langsamer.
Und Leo sieht die ersten Häuser von Berlin.
Noch ein paar Minuten, dann ist er da.
Sein Papa wartet sicher schon auf ihn.
Leo freut sich riesig.
Schließlich hat er viel zu erzählen!

Infoseite
Züge damals und heute

Die ersten Lokomotiven fuhren mit Kohle. Die Kohle verbrannte und brachte Wasser in einem Kessel zum Kochen.
Durch den Dampf wurde die Lok angetrieben und erreichte eine Geschwindigkeit von 30 Stundenkilometern.

Der heutige ICE fährt mit Strom, der aus der Oberleitung kommt. Auf dem Dach der Lok ist ein Abnehmer, der den Zug mit Energie versorgt. Ein ICE fährt über 300 Stundenkilometer, also zehnmal so schnell wie die erste Lok.

Lösungen

S. 42/43:
Leo will Lokführer werden.
ICE bedeutet Intercity-Express.
Leo sitzt auf Sitzplatz 97.
Leo hört: „Bitte Vorsicht bei der Einfahrt!"
Lösungswort: BERLIN

S. 50/51:
Der ICE fährt um 12.08 Uhr los.

Leo findet eine Flasche Limo
und einen neuen Comic in seinem Rucksack.
Leo muss auf das WC.

Die Geschwindigkeit eines Zuges gibt man in KM/H an
(Kilometer je Stunde).

Die Wörter im Kreis sind:
WASSERHAHN, PAPIERTUCH, KNOPFDRUCK,
SCHIEBETÜR

Max baut ein Piratenschiff

Eine Geschichte von Christian Tielmann
mit Bildern von Sabine Kraushaar

Piraten im Garten

„Au Backe, Piratenattacke!“, ruft Max.
„Klar zum Entern!“, ruft Pauline.
„Ihr wollt Piraten sein?“, fragt Felix.
„Echte Piraten haben Säbel,
Augenklappen und ein Piratenschiff!
Ihr habt nur ein lahmes Floß!“

Max hat sich eigentlich vorgenommen,
sich in den Ferien nicht mehr
von seinem Bruder ärgern zu lassen.
Aber irgendwie schafft Max das nicht.
Felix hat nämlich Recht:
Das Piratenschiff sieht wirklich aus
wie ein lahmes Floß.
Es hat kein Segel, keinen Mast und
noch nicht mal ein Steuerrad.

„Wart’s ab, Felix!“, ruft Max.
„Wir bauen ein richtiges Piratenschiff!“
Zwischen dem Gerümpel in der Garage finden Max und Pauline alles Mögliche für ihr Schiff: ein altes Bettlaken, eine Fahrradgabel mit Rad, jede Menge Kordeln und ein Seil.

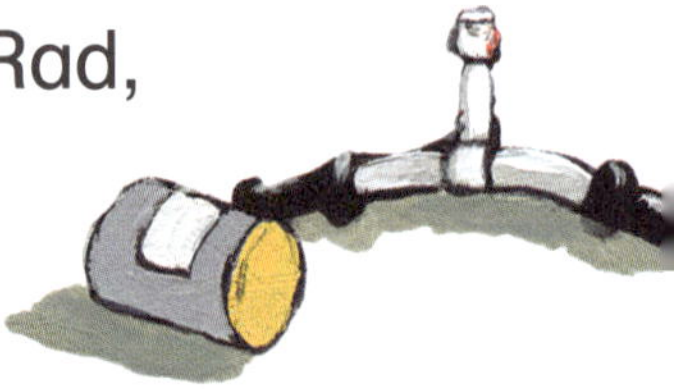

Sie packen alles in eine Kiste.
„Die wird unser Rettungsboot“,
sagt Pauline.
„Prima Idee!“, findet Max und grinst.
Felix wird Augen machen!

Nun fehlt nur noch der Mast.
Aber der einzige Holzbalken,
den sie finden, ist zu lang.
„Ich säge einfach ein Stück ab“,
sagt Max.
„Darfst du schon alleine sägen?“,
fragt Pauline.
Das darf Max natürlich nicht.
Aber es ist ihm gerade egal, was er darf.
Das Piratenschiff braucht einen Mast!

Max öffnet den Werkzeugschrank.
Er nimmt eine Säge heraus.
Sie legen den Balken auf die Werkbank.
Max setzt die Säge an – und rutscht ab!
„Hilfe, ich blute!“, schreit Max und
rennt, so schnell er kann, ins Haus.

Leserätsel

Was ruft Max?

R „Au Backe, Piratenkacke!“

W „Au Backe, Piratenflagge!“

G „Au Backe, Piratenattacke!“

Was ruft Pauline?

O „Klar zum Entern!“

U „Klar zum Kentern!“

A „Klar zum Versenken!“

Was finden Max und Pauline
in der Garage?

M Ein Taschenmesser

L Eine Fahrradgabel

S Einen Suppenlöffel

Darf Max alleine sägen?

E Natürlich!

H Manchmal!

D Natürlich nicht!

Die Buchstaben neben den richtigen
Antworten verraten dir etwas,
wonach jeder Pirat sucht: __ __ __ __

Nur ein Kratzer!

„Das ist nur ein Kratzer“,
sagt Max’ Vater.
„Aber wie ist das denn passiert?“
Als Max zugibt, dass er alleine
sägen wollte, schimpft Papa:
„Du weißt genau, dass du das
nicht darfst!“
„Aber wir wollen ein Piratenschiff bauen“,
jammert Max. „Mit Segel und Mast!“

Papa legt die Stirn in Falten.
„Trotzdem dürft ihr nicht alleine
ans Werkzeug gehen.“
„Dann musst du uns eben helfen!“,
sagt Max.
„Das glaube ich auch“, seufzt sein Vater.
Er holt eine größere Säge
aus dem Werkzeugschrank
und fragt:
„Also, wo soll ich
den Mast absägen?“

Nachdem der Balken abgesägt ist,
nageln sie oben eine alte Dachlatte an.
Abwechselnd dürfen Max und Pauline
die langen Nägel einschlagen.
„Und wo ist euer Segel?“, fragt Papa.
Pauline zieht das Bettlaken hervor.
Darauf haben Max und Pauline
einen gruseligen Totenkopf gemalt.

Das Laken nageln sie an die Dachlatte.
Endlich können sie den Mast aufstellen.
Max und Pauline halten den Balken fest.
Papa setzt den Nagel auf, holt aus –
– und haut genau auf seinen Daumen.
„Autsch! Verflixt!“
Er lässt den Hammer fallen und
rennt ins Haus.
Max und Pauline sehen sich an.
„Das ist bestimmt nur ein Kratzer“,
sagt Max.

Für das Steuerrad brauchen Max
und Pauline ein Loch im Schiffsboden.
Aber Papa verarztet noch
seinen Daumen.
„Dann fragen wir eben deine Mutter“,
schlägt Pauline vor und flitzt ins Haus.
Max markiert schon mal mit Bleistift
die Stelle, an der das Loch sein soll.
Da kommt schon seine Mutter
mit der Bohrmaschine.
Sie messen aus, wie dick
das Loch werden muss.
Dann bohrt Mama
das Loch.

Max steckt die Fahrradgabel hinein.
„Passt wie angegossen!“,
sagt Mama zufrieden.
Der alte Reifen ist ein prima Steuerrad!

Leserätsel

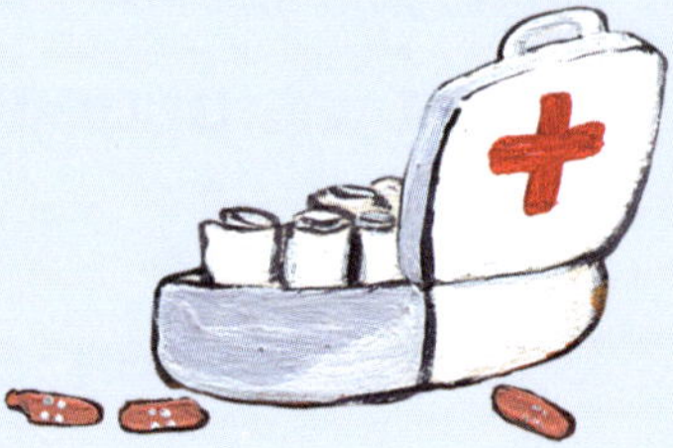

Was sagt Papa?

C „Das ist nur ein Kater.“

R „Das ist nur ein Kratzer.“

L „Das ist nur ein Krater.“

Was haben Max und Pauline
auf das Bettlaken gemalt?

O Einen grünen Kochtopf

I Einen grauslichen Eintopf

U Einen gruseligen Totenkopf

Wer haut sich mit dem Hammer auf den Daumen?

- M Papa
- L Pauline
- A Mama

Die Buchstaben neben den richtigen Antworten verraten dir etwas, das jeder Pirat gern trinkt: __ __ __

Ein Sturm hat die Sätze durcheinandergewirbelt. Verbinde die richtigen Satzhälften.

Papa holt

Max und Pauline halten

Mama bohrt

ein Loch.

eine größere Säge.

den Balken fest.

Echte Piraten!

Endlich ist das Piratenschiff fertig.
Es sieht aus wie ein echter
Schrecken der Meere.
Nur Max und Pauline sehen noch
nicht aus wie richtige Piraten.
„Wir brauchen Holzbeine“, sagt Pauline.

Aber Max schüttelt den Kopf.
„Wir basteln uns lieber Augenklappen."
Max schneidet aus schwarzer Pappe
ein ovales Stück aus und bindet es sich
mit einem Gummiband um den Kopf.
„Sieht gefährlich aus!", freut sich Pauline.
„Jetzt fehlen uns nur noch Waffen."
Aus einem großen Pappstück schneiden
Max und Pauline zwei Säbel aus und
malen sie grau an.

Jetzt kann die Piratenfahrt losgehen!
„He, Leute!“, ruft Felix. „Braucht ihr vielleicht noch einen Kapitän?“
„Kommt gar nicht in Frage!“, brummt Max.
Aber Pauline zwinkert Max zu.
„Du kannst gern an Bord kommen, Felix.
Als Schiffsjunge!“, ruft sie.

Die erste Kaperfahrt wird ein Abenteuer.
Max kann das Steuerruder im Sturm
kaum halten.
Um ein Haar wird der Schiffsjunge Felix
von den Wogen verschlungen.
Zum Glück entdeckt Pauline
am Horizont die berühmte
Kekse-Limonade-Insel.
„Au Backe, Piratenattacke!“,
rufen alle drei,
als sie die Insel
erstürmen.

Infoseite
Alles, was ein Pirat braucht

Augenklappe

Ein echter Pirat braucht eine Augenklappe.
Wie Max kannst du ganz einfach eine basteln:
Schneide aus schwarzer Pappe ein ovales Stück aus, das dein Auge abdeckt.
Bohre links und rechts jeweils ein kleines Loch hinein.
Knote an die Löcher ein Gummiband, das um deinen Kopf passt.

Säbel

Als Pirat brauchst du natürlich auch einen Säbel. So geht's: Zeichne eine Säbelform auf ein großes Stück Pappe und schneide sie aus. Für den Handgriff kannst du außerdem einen Kreis ausschneiden. Schneide zwei Schlitze in den Kreis (so breit wie der Säbel am unteren Ende). Stecke die Klinge in die Schlitze. So bekommst du einen prima Handgriff.

So wirst du ein echter Pirat:

Binde dir ein Tuch um den Kopf oder die Stirn. Setze die Augenklappe auf. Male dir mit einem Schminkstift einen dicken schwarzen Bart oder Bartstoppeln auf. Vielleicht geben dir deine Eltern ein altes Hemd und eine Hose, die du wild und fransig abschneiden darfst. Klar zum Entern!

S. 68/69:
Max ruft: „Au Backe, Piratenattacke!“
Pauline ruft: „Klar zum Entern!“
Max und Pauline finden eine Fahrradgabel
in der Garage.
Max darf natürlich nicht alleine sägen.
Lösungswort: GOLD

S. 76/77:
Papa sagt: „Das ist nur ein Kratzer.“
Max und Pauline haben einen gruseligen
Totenkopf auf das Bettlaken gemalt.
Papa haut sich mit dem Hammer
auf den Daumen.
Lösungswort: RUM
So gehören die Satzhälften zusammen:
Papa holt eine größere Säge.
Max und Pauline halten den Balken fest.
Mama bohrt ein Loch.

Lesen lernen mit der Lesemaus

Liebe Eltern,

alle Kinder wollen Lesen lernen. Sie sind von Natur aus wissbegierig. Diese Neugierde Ihres Kindes können Sie nutzen und das Lesenlernen frühzeitig fördern. Denn Lesen ist die Basiskompetenz für alles weitere Lernen. Aber Lesenlernen ist nicht immer einfach. Es ist wie mit dem Fahrradfahren: Man lernt es nur durch Üben – also durch Lesen. Eine schöne Motivation kann unser Lesemaus-Trainingsprogramm mit dem beiliegenden Lese-Pass sein.

Wie können Sie Ihr Kind beim Lesenlernen unterstützen?

Je positiver Kinder das Lesen erleben, desto motivierter sind sie, es selbst zu lernen. Lesen Sie Ihrem Kind mindestens bis zum Ende der Grundschulzeit vor.
Etablieren Sie gemeinsame Leserituale. So erfährt Ihr Kind: Lesen macht Spaß!
Jedes Kind lernt unterschiedlich schnell lesen. Orientieren Sie sich bei der Auswahl von Erstlesebüchern an den individuellen Interessen und Lesefähigkeiten Ihres Kindes. Die Geschichten sollen Ihr Kind fordern, aber nicht überfordern.

Lesen lernen mit der Lesemaus

Die Lesemaus zum Lesenlernen bietet spannende Geschichten für Leseanfänger. Mit Leserätseln können die Kinder ihre Lernerfolge spielerisch selbst überprüfen. Außerdem gibt es in jedem Band kindgerecht aufbereitete Sachinfos.

Lesen lernen in kleinen Schritten

Der Leselern-Prozess vollzieht sich über längere Zeit und in mehreren Schritten. Daher erscheinen die Lesemaus-Geschichten in drei Lesestufen.
Umfang, Wortschatz, Gliederung, Schriftgröße, Text-Bild-Verhältnis der Geschichten und das Niveau der Leserätsel sind optimal auf die verschiedenen Phasen des Lesenlernens abgestimmt.

Stufe 1

- Erste Geschichten mit Bildern statt Wörtern für Leseanfänger
- Wenig Text, viele farbige Bilder
- Auch ideal zum gemeinsamen Lesen: Das Kind ergänzt das Wort, wenn ein Bild kommt.

Stufe 2

- Einfache Geschichten für Erstleser, die zusammenhängende Sätze lesen können
- Klare Textgliederung in Sinnabschnitte, hoher Bildanteil

Stufe 3

- Kleine Geschichten für geübtere Erstleser, die schon längere Texte lesen können
- Einfache Gliederung, höherer Textanteil, farbige Illustrationen zur Veranschaulichung

Stufe 1

Lesestufe 1: Für Leseanfänger

- Zum Mitlesen und Selberlesen
- Große Fibelschrift
- Bilder ersetzen Namenwörter

Lesenlernen mit Erfolg!
Nur € 2,95 [D]
€ 3,10 [A]

ISBN: 978-3-551-06323-6

Stufe 2

Lesestufe 2: Für Erstleser

- Klare Textgliederung in Sinnabschnitte
- Hoher Bildanteil
- Große Fibelschrift

ISBN: 978-3-551-06421-9

LESEMAUS zum Lesenlernen

ISBN: 978-3-551-06422-6

ISBN: 978-3-551-06423-3

ISBN: 978-3-551-06421-9

ISBN: 978-3-551-06611-4

Sammelband

ISBN: 978-3-551-06409-7

ISBN: 978-3-551-06418-9

Jeden Tag nur 10 Minuten!

Stufe 3

Lesestufe 3:
Für geübte Erstleser

- Kurze Leseportionen
- Einfache Gliederung
- Farbige Illustrationen zur Veranschaulichung

Paula landet auf ihrem Po.
„Aua!", ruft sie und will schon schimpfen.
Aber da sieht sie, dass Pünktchen
zum Gartentor galoppiert ist.
Dort steht ein fremdes Mädchen und
schlingt die Arme um Pünktchens Hals.
Das Pony schnaubt leise.
„Wer bist du denn?", fragt Paula überrascht.
„Ich bin Anna-Maria. Mir gehört das Pony!"
Und dann erzählt Anna-Maria, dass sie
mit ihren Eltern ihre Oma besucht hat.
Und da ist ihr Pony einfach ausgebüxt.

„Um mich zu suchen, wahrsc
meint Anna-Maria. „Dann ha
nach ihm gesucht! Wie verri
Bis ich die Zettel entdeckt habe.
Die hast du bestimmt geschrieben?"
Paula nickt.
„Das war eine tolle Idee!", sagt Anna-Maria.
„Ich bin ja so froh, dass ich mein Pony
wiederhabe!"

ISBN: 978-3-551-06521-6

LESEMAUS zum Lesenlernen

ISBN: 978-3-551-06520-9

ISBN: 978-3-551-06522-3

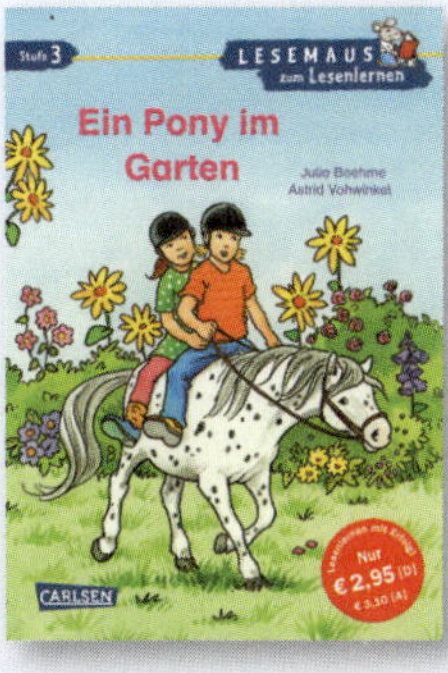

ISBN: 978-3-551-06521-6

ISBN: 978-3-551-06612-1

Sammelband

ISBN: 978-3-551-06515-5

ISBN: 978-3-551-06517-9

Noch mehr Bücher gibt es unter
www.lesemaus.de

Limo
CORN FLAKES